BEI GRIN MACHT SICH IHR WISSEN BEZAHLT

- Wir veröffentlichen Ihre Hausarbeit, Bachelor- und Masterarbeit

- Ihr eigenes eBook und Buch - weltweit in allen wichtigen Shops

- Verdienen Sie an jedem Verkauf

Jetzt bei www.GRIN.com hochladen und kostenlos publizieren

Bibliografische Information der Deutschen Nationalbibliothek:

Die Deutsche Bibliothek verzeichnet diese Publikation in der Deutschen National-
bibliografie; detaillierte bibliografische Daten sind im Internet über http://dnb.d-
nb.de/ abrufbar.

Dieses Werk sowie alle darin enthaltenen einzelnen Beiträge und Abbildungen
sind urheberrechtlich geschützt. Jede Verwertung, die nicht ausdrücklich vom
Urheberrechtsschutz zugelassen ist, bedarf der vorherigen Zustimmung des Verla-
ges. Das gilt insbesondere für Vervielfältigungen, Bearbeitungen, Übersetzungen,
Mikroverfilmungen, Auswertungen durch Datenbanken und für die Einspeicherung
und Verarbeitung in elektronische Systeme. Alle Rechte, auch die des auszugsweisen
Nachdrucks, der fotomechanischen Wiedergabe (einschließlich Mikrokopie) sowie
der Auswertung durch Datenbanken oder ähnliche Einrichtungen, vorbehalten.

Impressum:

Copyright © 2013 GRIN Verlag, Open Publishing GmbH
Druck und Bindung: Books on Demand GmbH, Norderstedt Germany
ISBN: 9783668287556

Dieses Buch bei GRIN:

http://www.grin.com/de/e-book/339178/ein-plaedoyer-fuer-die-bekenntnistaufe-
eine-untersuchung-ihrer-theologischen

Madeleine Horgby

Ein Plädoyer für die Bekenntnistaufe. Eine Untersuchung ihrer theologischen Begründung und ihrer Verbreitung unter den ersten Schweizerischen Wiedertäufern im 16. Jahrhundert

GRIN Verlag

GRIN - Your knowledge has value

Der GRIN Verlag publiziert seit 1998 wissenschaftliche Arbeiten von Studenten, Hochschullehrern und anderen Akademikern als eBook und gedrucktes Buch. Die Verlagswebsite www.grin.com ist die ideale Plattform zur Veröffentlichung von Hausarbeiten, Abschlussarbeiten, wissenschaftlichen Aufsätzen, Dissertationen und Fachbüchern.

Besuchen Sie uns im Internet:

http://www.grin.com/

http://www.facebook.com/grincom

http://www.twitter.com/grin_com

Kaiser-Wilhelm- und Ratsgymnasium
Seelhorststrasse 52
30175 Hannover

Facharbeit

im Seminarfach Konfessionalisierung im 16. Jahrhundert

Ein Plädoyer für die Bekenntnistaufe vor dem Hintergrund einer Untersuchung ihrer theologischen Begründung und ihrer Verbreitung unter den ersten Schweizerischen Wiedertäufern im 16. Jahrhundert

Verfasserin: Madeleine Horgby
Abgabedatum:12. März 2013

Inhaltsverzeichnis

1. **Einleitung**

2. **Die theologischen Grundlagen der Taufe**

2.1　Das evangelische Taufverständnis nach Martin Luther
    2.1.1　Das Verständnis von *sola scriptura*
    2.1.2　Die Kindertaufe

2.2　Das evangelisch-freikirchliche Taufverständnis
    2.2.1　Glaube und die damit verbundenen Verantwortung des Gläubigen
    2.2.2　Das Verständnis der Bekenntnistaufe

3. **Historische Darstellung: Die Verbreitung der ersten Schweizerischen Wiedertäufer im 16. Jahrhundert am Beispiel von Konrad Grebel**

4. **Plädoyer**

1. Einleitung

Diese Seminararbeit stellt das Verständnis der Taufe im Neuen Testament dar und nimmt eine Abgrenzung zwischen Bekenntnistaufe und Kindertaufe vor. Sie wird in einem Plädoyer für die Bekenntnistaufe münden.

Die Taufe als Bekenntnistaufe ist seit der Reformation ein evangelisches Thema. Die Frage nach der Form und der Bedeutung der Taufe orientiert sich dabei seit dem 16. Jahrhundert an den drei großen Grundsätzen der lutherischen Reformation: sola scriptura, sola gratia, und sola fide. Interessanterweise hatte Martin Luther selbst in den Anfängen der Reformation im 16. Jahrhundert ein Taufverständnis, das dem heutigen Verständnis von Bekenntnistaufe sehr nahe kommt. Dieses verließ er jedoch später. Die modernen Theologen, die sich gegenwärtig mit der Bekenntnistaufe beschäftigen, folgen weiterhin Luthers drei großen reformatorischen Grundsätzen, wobei sich die Begrifflichkeit allerdings geändert hat. Die drei Grundsätze Luthers sind auf ein möglichst bibelgetreues Glaubensverständnis ausgerichtet, eine Vorstellung, auf welcher die Bekenntnistaufe aufbaut.

Die Darstellung des Taufverständnisses geschieht in zwei Schritten. Im ersten Teil meiner Arbeit widme ich mich dem theologischen Verständnis der Taufe. Die Bibel ordnet der Taufe verschiedene Funktionen zu. Dementsprechend gibt es bei dem Verständnis der Taufe Divergenzen unter den einzelnen Glaubensgemeinschaften. Die zwei wohl größten Polaritäten sind die Kindertaufe, die schon vor der Reformation von der römisch-katholischen Kirche praktiziert wurde und später dann auch von der evangelisch-lutherischen Kirche übernommen wurde, und die Bekenntnistaufe, die ebenfalls seit der Reformation praktiziert wird und heute von den evangelisch-freikirchlichen Gemeinden, wie z.B. dem Baptismus, praktiziert wird. Die theologischen Begründungen dieser beiden Taufformen und das daraus resultierende Verständnis der Funktion der jeweiligen Art von Taufe wird in diesem Abschnitt behandelt.

In der Darstellung des evangelisch-freikirchlichen Taufverständnisses wird zunächst das Verständnis des Glaubens erläutert. Hierbei wird die Unterscheidung eines passiven und eines aktiven Glaubens getroffen. Dieses erfolgt in Anlehnung an Luthers Grundsatz sola gratia. Namensgeber dieses modernen Glaubensverständnisses ist der englische, aus dem Baptismus kommende, Theologe Paul F. Fiddes. Fiddes selbst hat bis zu seinem Ruhestand im Jahr 2002 den Lehrstuhl für systematische Theologie an der University of Oxford geleitet und ist ein bedeutender Vertreter der theologischen Position der Glaubenstaufe.

Der zweite Teil der Arbeit ist eine historische Darstellung einer Glaubensbewegung, welche das Glaubensverständnis der Bekenntnistaufe im 16. Jahrhundert praktisch umgesetzt hat. Es handelt sich um die Schweizerischen Wiedertäufer, eine Glaubensbewegung, die zur Zeit der Reformation im 16. Jahrhundert in der Schweiz entstanden ist. Die historische Darstellung erfolgt am Beispiel von Konrad Grebel, einem der bedeutsamsten Wiedertäufer der Schweiz im 16. Jahrhundert.

Das abschließende Plädoyer meiner Arbeit nimmt eine sorgfältige Abwägung der beiden theologischen Positionen von Kinder-und Bekenntnistaufe vor und wird in eine Stellungnahme für die theologische Position der Bekenntnistaufe münden.

2. Die theologischen Grundlagen der Taufe
2.1 Das evangelische Taufverständnis nach Martin Luther
2.1.1 Das Verständnis von *sola scriptura*

Sola scriptura stellt für Luther den Grundsatz dar, dass allein die Schrift Königin[1] sei und somit als unveränderliche Grundlage der Kirche dienen sollte. Nach Luther bedarf es bei der Auslegung der Schrift keiner Ergänzung durch kirchliche Traditionen. Lediglich die Schrift selbst stellt die Wahrheit für den christlichen Glaubens dar. Somit stand für Luther fest, dass eine korrekte Auslegung nur durch die Schrift selbst geschehen konnte, dadurch dass sie „durch sich selbst glaubwürdig, deutlich und ihr eigener Ausleger"[2] sei.

Luther widmet sich in seinem Werk „Der Kleine Katechismus" in seinem vierten Hauptstück der Taufe und ordnet dieser drei wesentliche Funktionen zu. „Sie wirkt der Vergebung der Sünden, erlöst vom Tode und Teufel und gibt die ewige Seligkeit allen, die es glauben, wie die Worte und Verheißung Gottes lauten."[3] Am Anfang der Reformation vertrat Luther die Haltung, dass mit der Taufe ein unmittelbarer persönlicher Glaube des Täuflings vorhanden sein sollte und dass dieser nicht stellvertretend durch einen Taufpaten vertreten werden könne. Dadurch, dass der Glaube eines Kleinkindes als nicht beweisbar galt und er die Meinung vertrat, dass ein Kind im Säuglings- oder Kleinkindalter den Glauben an die Taufe nicht verstehen könne, lehnte er die Kindertaufe ab. Er schrieb, dass „die Taufe der kleinen Kinder, die die Verheißung Gottes nicht verstehen, auch den Glauben der Taufen nicht haben können, darum entweder der Glaube nicht erfordert würde oder die Kinder vergebens getauft werden."[4] Im weiteren Verlauf der Reformation änderte Luther jedoch seine Haltung. Er erkannte, dass es sich im 16. Jahrhundert als nicht durchsetzbar erwies, die seit Jahrhunderten von der römisch-katholischen Kirche praktizierte Kindertaufe durch die Bekenntnistaufe zu ersetzen.

---

[1] „solam scripturam regnare" aus Luther, Martin: Weimarer Ausgabe Bd. 7, Hermann Böhlhaus Nachfolger, Weimar, 2000, S.97
[2] „ per se certissima, apertissima, sui ipsius interpres" aus Ibd. S. 97
[3] Luther Martin: Der Kleine Katechismus, Lutherisches Verlagshaus, Hannover, 1987, S.19
[4] Luther, Martin: Weimarer Ausgabe Bd. 6, Hermann Böhlhaus Nachfolger, Weimar, 2000, S.538

2.1.2 Die Kindertaufe

Luther folgte deshalb in der Tauffrage dem katholischen Taufverständnis und sah in der Kindertaufe vor allem ein Zeichen der vorauseilenden Gnade und der bedingungslosen Annahme Gottes für einen Menschen. Die Taufe hat für Luther drei wesentliche Funktionen: Die Befreiung des Menschen von seinen Sünden, die Teilhabe an Christi Kreuzigung und Auferstehung und die Aufnahme des Getauften in die Glaubensgemeinschaft[5].

Biblisch begründen lässt sich Kindertaufe anhand von zwei wesentlichen Stellen in der Bibel. Zum einen nimmt sie Bezug auf die Haustaufung in der Apostelgeschichte 16,15: „Sie ließen sich taufen zusammen mit allen, die in ihrem Haus lebten."[6] Die Hausgemeinschaft umfasst nicht nur Erwachsene sondern auch Kinder. Zum anderen knüpft die Kindertaufe an den Bundesgedanken im Buch Genesis 17,7 an. Dort heißt es, dass Gott mit Mose und seinen Nachkommen einen ewigen Bund eingehen wird. An diese Stellen knüpften Luther und andere Reformatoren mit ihrem Taufverständnis an. So heißt es etwa im Heidelberger Katechismus in der Frage 74, dass „die Kinder durch die Taufe, das Zeichen des Bundes, in die christliche Kirche als Glieder eingefügt"[7] werden. Die Taufe dient somit als Merkmal einer Gemeinschaft, in welcher kein Gläubiger ausgeschlossen werden soll. Zusammenfassend veranschaulicht die Kindertaufe die Gnade und bedingungslose Liebe Gottes, ein Gedanke, der sehr wohl als evangeliumsgemäß betrachtet werden kann.

2.2 Das evangelisch-freikirchliche Taufverständnis
2.2.1 Glaube und die damit verbundenen Verantwortung des Gläubigen

Mit dem Glauben untrennbar verbunden ist die Gnade Gottes. Die Gnade Gottes ist in dem von Luther aufgestellten reformatorischen Grundsatz sola gratia benannt worden. Der Grundsatz „Allein durch die Gnade" geht von dem Verständnis aus, dass Gott durch seine Gnade den Menschen zum Glauben bringt. Die moderne evangelisch-freikirchliche Tauflehre baut auf diesen Grundsatz bei der Frage, wie ein Mensch zum Glauben kommt, unmittelbar auf. Sie bezeichnet die vorauseilende göttliche Gnade jedoch nicht als sola gratia, sondern als den ‚passiven Aspekt des Glaubens', ein Begriff der von dem britischen Theologen Paul F. Fiddes geprägt worden ist. Der Theologe Fiddes unterteilt den Prozess des Gläubigwerdens, in zwei

---

[5] Nach Kirchenamt des EKD (Hrg.): „Die Taufe: Eine Orientierungshilfe zu Verständnis und Praxis der Taufe der evangelischen Kirche", EKD Gedenkschriften, Hannover, 2008, S.29
[6] Apostelgeschichte, 16,15
[7] Evangelisch-reformierten Kirche,Lippische Landeskirche und Reformierten Bund (Hrsg.):„Heidelberger Katechismus", Neukirchener Theologie,5. Auflg.,2012,S.47

Aspekte, zum einen den passiven Aspekt[8], der an Luthers sola gratia angelehnt ist, und zum anderen in den aktiven Aspekt, der eine aktive Erwiderung des Gläubigen durch sein Handeln und Denken darstellt.

Entgegen dem heutigen Verständnis der Leistungsgesellschaft, kann der Glaube nicht von dem Menschen selbst erzwungen werden. Man kann die Erfahrung mit Gott, die in einem Menschen den Glauben an einen Gott weckt, nicht selbst bestimmen oder gar sich erarbeiten. Der deutsche Theologe Bultmann hat dieses „göttliche Zündungserlebnis" für den Glauben als „Entsprechung der göttlichen Liebe"[9] bezeichnet. Glaube ist somit völlig abhängig von dem Handeln des gnädigen Gottes. Im Römerbrief 8,30 der Bibel steht, dass „wen Gott so im Voraus bestimmt hat, den hat er auch berufen". Dieser Vers der Bibel zeigt das vom Menschen als passiv empfundene, d.h. nicht selbst bewirkte, Glaubenserlebnis und fordert konkret den Gläubigen auf, sich selbst als jemand Berufenen zu sehen und aktiv und verantwortungsbewusst danach zu handeln. Konkret bedeutet das, dass der Glaube des Einzelnen somit die aktive Antwort auf die Liebestaten Gottes darstellt und sich in Buße, Bekenntnis des Glaubens und Gehorsam äußert.[10] Ein Zeugnis für den Glauben stellt das Bekenntnis „Jesus ist der Herr" im Römerbrief 10,9 f. der Bibel dar. Dieser Vers zeigt das „Vertrauen auf Jesus als den Herrn und den Glauben, dass dieser gekreuzigte Mensch zum Herrn des Kosmos erhöht worden ist."[11] Dieses Bekenntnis stellt eine aktive Antwort des Wirken Gottes im Glauben des Menschen dar, in Form des Vertrauens auf Christus und der Überzeugung der Erhöhung des Menschensohnes zu einem Teil des dreieinigen Gottes. Zur aktiven Erwiderung des Glaubens gehört auch die Verantwortung, die dem Christen gegeben ist. Diese Verantwortung wird im Römerbrief 1,5[12] hervorgehoben und schließt gleichzeitig einen Auftrag der Verbreitung dieses Pflichtbewusstseins in Form von Gehorsam ein. Der Gehorsam des Glaubens, welchen Paulus hier betont, stellt einen „Gehorsamsakt als Glaubensakt"[13] dar. „Im Römerbrief 10,16 ist ‚dem Evangelium gehorsam sein' gleichbedeutend mit dem ‚Glauben an das Evangelium'."[14]

---

[8] Fiddes, Paul: „Glaube und Taufe im Neuen Testament und in der christlichen Lehre" In: Swarat, Uwe (Hrsg.): Wer glaubt und getauft wird.... Texte zum Taufverständnis des deutschen Baptismus. Oncken, Kassel, 2010, S.140
[9]: Jüngel, Eberhard: Gott als Geheimnis der Welt , Tübingen, 2. Auflg. 1977, S. 466
[10] Nach Fiddes, Paul: „Glaube und Taufe im Neuen Testament und in der christlichen Lehre." In: Swarat, Uwe (Hrsg.): Wer glaubt und getauft wird.... Texte zum Taufverständnis des deutschen Baptismus, Oncken, Kassel, 2010, S.140
[11] Ebd. S.140
[12] „Durch ihn haben wir unsere Befähigung und Beauftragung zum Apostel empfangen. Wir sollen alle Völker dazu bringen,ihm gehorsam zu sein und den Glauben anzunehmen – zur Ehre seines Namens."
[13] Bultmann, Rudolf: Theologie des neuen Testaments, Tübingen 5. Auflg. 1965, S.315
[14] Fiddes, Paul: „Glaube und Taufe im Neuen Testament und in der christlichen Lehre." In: Swarat, Uwe (Hrsg). Wer glaubt und getauft wird.... Texte zum Taufverständnis des deutschen Baptismus. Oncken, Kassel, 2010, S.141

In diesem Zusammenhang wird dem Begriff des Glaubens eine neue Dimension gegeben. Unter Glauben wird so nicht nur ein Gott gefälliges Leben bezeichnet, sondern zudem auch eine aktive Umsetzung des Evangeliums, der frohen Botschaft und die Perspektive auf ein ewiges Leben. Glauben heißt somit entgegen jeglicher Klischees sich nicht nur auszuruhen und sich wohl zu fühlen, eine Vorstellung die im Zuge der letzten Jahrzehnte vermehrt in der Gesellschaft Anklang gefunden hat, sondern das aktive Leben in seinem Glauben, welches auch durchaus unbequem sein kann.

2.2.2 Das Verständnis der Bekenntnistaufe

In der Bibel lassen sich fünf wesentliche Begründungen für die Bekenntnistaufe feststellen. Allen voran geht der Missionsbefehl in Matthäus 28,19, der eine Bekehrung des Menschen und daraus ein öffentliches Bekenntnis des Gläubigen durch die Taufe fordert. Eine zweite biblische Begründung für die Bekenntnistaufe ist das „Rettungsverständnis" in Markus 16,16. Dort heißt es: „Wer glaubt und sich taufen lässt, den wird Gott retten."[15] Aus diesem Vers geht sowohl die Bekehrung des Gläubigen durch seinen Glauben als auch die damit verbundene Rettung des Menschen durch Gottes Sohn Jesus Christus von aller Sünde hervor. Dieser Vers stellt eine klare Forderung an den Gläubigen dar, der sich zu seinen Sünden bekennen muss, um dann die Gnade Gottes durch die Taufe zu empfangen. Dem Bekehrungsgedanken, der dritten biblischen Begründung, verleiht Petrus in seiner Predigt in der Apostelgeschichte 2, 38 besonderen Nachdruck. "Tut Buße, und jeder von euch lasse sich taufen auf dem Namen Jesu Christi zur Vergebung eurer Sünden."[16] Mit dieser Aufforderung zur Buße ist die Selbsterkenntnis und das Eingeständnis des Gläubigen gefordert, dass er sündig ist und sein Leben durch die Taufe grundsätzlich ändern will. Dieses setzt eine Auseinandersetzung des Gläubigen mit sich selbst voraus. Man kann diese Bekehrung bzw. Auseinandersetzung als eine existentielle Stärkung des Glaubens sehen, welche durch diesen Prozess der Entscheidung zur Taufe stattfindet und dann der Taufe ausgedrückt wird. Dieselbe Taufsymbolik der Bekehrung geht viertens aus der Apostelgeschichte 22,16 hervor, als der Apostel Paulus von seiner Bekehrung zu Christus und der darauffolgenden Taufe berichtet. Der Christ Hananias, den Jesus zu dem blinden Paulus nach seiner Erscheinung schickt, fragt ihn nämlich: „Was zögerst du noch? Steh auf, lass dich taufen! Rufe seinen Namen an und lass dich reinwaschen von deiner Schuld " Dieser Vers hebt besonders die Symbolik der Reinigung des Menschen hervor, dessen Sünden durch die Taufe weggewaschen werden und der in dem Taufakt Sündenvergebung erlangt. Die fünfte biblische Begründung für die Bekenntnistaufe ist die Gemeinschaft mit Jesus Christus, die durch die Taufe eingegangen wird. In Galater 3, 26 f. steht: „ Denn ihr alle, die auf Christus getauft worden seid, habt Christus angezogen." George Beasley-Murray schreibt in diesem Zusammenhang, dass in Christus glaubende Menschen zu Gotteskinder werden und, dass durch ihre Verbindung mit

---

[15] Markus 16,16
[16] Apg. 2, 38

ihm sie an der Gottessohnschaft teilnehmen würden.[17] Zusammenfassend lassen sich aus allen fünf Begründungen drei wesentliche Aspekte für das Taufverständnis festhalten. Michael Bendorf bringt dieses mit der Feststellung „die Taufhandlung drückt aus, was Bekehrung meint."[18] sehr treffend auf den Punkt. Zum einen geht aus der Taufe eine aktive Bekehrung des Täuflings von seinen Fehlern und Sünden hervor, und zum anderen - damit verbunden - geht mit der Taufe eine Vergebung der Sünden durch Christus einher. Der dritte Aspekt, der aus den zitierten Bibelstellen entnommen werden kann, ist, dass mit der Taufe, durch das „Anziehen des Leibes Christi" eine konkrete Veränderung in der Lebensführung des Gläubigen erfolgt.

Die Bekenntnistaufe hat aber noch eine weitere, soziale Dimension. Sie ist im Wesentlichen zwar eine Stärkung des eigenen von Gott geschenkten Glaubens dessen, der sich taufen lässt. Dieser drückt durch das Bekenntnis, d.h. durch die Taufe, vor der Gemeinschaft seinen Glauben aus. Die Taufe bewirkt dabei aber auch zugleich eine Stärkung der Gemeinschaft, weil die Gläubigen der Gemeinschaft an den wesentlichen Aspekt in der Nachfolge Christi, nämlich das Bekenntnis, erinnert und somit wieder neu ausgerichtet werden. Es tritt somit ein Prozess der Selbstkorrektur der Gemeinschaft ein, welche einen Erneuerungsprozess für die Gemeinde bedeutet. Fiddes sieht die Taufe als den Abschluss einer Initiationsphase („Zündungsphase"), worin der Gläubige einen Bund mit Gott und der Kirche schließt und sich als verantwortlich für die Sendung der Botschaft Gottes für diese Welt erkennt, d.h. den Jüngerschaftsdienst antritt.[19] Er stellt jedoch klar heraus, dass die Initiationsphase nur der Anfang des aktiven Glaubenslebens eines Christen ist.[20]

3. Historische Darstellung: Die Verbreitung der ersten Schweizerischen Wiedertäufer im 16. Jahrhundert am Beispiel von Konrad Grebel

Dieser Abschnitt meiner Arbeit stellt eine Untersuchung einer Taufbewegung dar, die zu den ersten zählt, innerhalb derer sich Menschen im Erwachsenenalter aktiv zum Glauben an Jesus Christus entschieden und dieses durch die Glaubenstaufe bekannten. Sie wurden im 16. Jahrhundert als ‚Wiedertäufer' bezeichnet, weil sie alle schon als Kinder getauft worden waren

---

[17] Beasley-Murray, George: „Die Taufe, Symbol oder Sakrament?" In: Swarat, Uwe (Hrsg.). Wer glaubt und getauft wird..., Texte zum Taufverständnis des deutschen Baptismus. Oncken, Kassel, 2010, S.40
[18] Bendorf, Michael: „Baptistische Steiflichter zur Diskussion um die Geistestaufe" In: „Theologisches Gespräch-Freikirchliche Beiträge zur Theologie" Heft 1, 2012, S.23
[19] Fiddes, Paul: „Glaube und Taufe im Neuen Testament und in der christlchen Lehre." In: Swarat, Uwe (Hrsg.). Wer glaubt und getauft wird.... Texte zum Taufverständnis des deutschen Baptismus. Oncken, Kassel, 2010, S.145 f.
[20] Ebd. S.146

und sich im Erwachsenenalter erneut für eine Taufe entschieden, die auf ihr persönliches Bekenntnis erfolgte[21].

Ebenso wie die Freikirchen, die heute in Europa eine Minderheit in der evangelischen Kirche darstellen, so sind auch die Wiedertäufer in der Schweiz im 16. Jahrhundert eine kleine reformatorische Bewegung gewesen. Diese breitete sich später auch im Deutschen Reich aus. Sie wurde aber von Anfang an von katholischer und evangelisch-lutherischer Seite heftig verfolgt.

Die Bezeichnung ‚Wiedertäufer' stammt von Zwingli und setzt eine vorhergegangene Taufe voraus. Damit sollte zum Ausdruck kommen, dass diese Gruppierung die Kindertaufe nicht anerkannte, sondern nur die Erwachsenentaufe als evangeliumsgemäß empfand.[22] Ziel der Wiedertäufer war dabei im Wesentlichen nicht eine Veränderung (Reformation) der bestehenden Kirche, sondern sie forderten eine grundlegende Neuordnung der Taufpraxis. Wesentlich für die Wiedertäufer war das neue, evangeliumsgemäße Taufverständnis der Glaubenstaufe. Diese neue Taufpraxis wurde dabei reformatorisch mit dem Grundsatz sola scriptura begründet. Dieser strenge Biblizismus und der starke Drang nach Veränderung in der Kirchenordnung machten die Täufer zu einer reformatorischen Minderheit, die als gefährlich für die Kirche galt, weil sie die üblichen Hierachien der Kirche, vor allem das Priesteramt und die Kindertaufe in Frage stellten. Den ersten Wiedertäufern war diese Radikalität ihrer Position durchaus bewusst. Die praktische Folge dieses konsequent evangelischen und vor allem mutigen Handelns war es, dass viele Täufer aus den Kantonen, in denen sie missionarisch gewirkt hatten, fliehen mussten und teilweise sogar hingerichtet wurden.

Meine Arbeit stellt in diesem Abschnitt die Verbreitung der Glaubenstaufe durch die schweizerischen Wiedertäufer am Beispiel von Konrad Grebel, einem der bedeutendsten Wiedertäufer der Schweiz im 16. Jahrhundert dar.

Konrad Grebel, geboren ca. 1498, stammte aus einer gesellschaftlich und politisch bedeutsamen Familie in Zürich. Von 1514-1520 erwarb er eine hohe humanistische Bildung an den Universitäten von Basel, Wien und Paris. Nach seiner Rückkehr in die Schweiz 1520 schloss er sich Huldrych Zwingli und dem Castelberger Lesekreis in Zürich an, einer akademischen Vereinigung von humanistischen Gelehrten, die sich regelmäßig zum gemeinsamen Bibelstudium anhand von Urtexten traf. Grebel traf dort Prädikanten, deren sehr evangeliumsgemäße Ansichten und reformatorische Absichten er teilte. Diese Gruppe verfolgte eine strikte Trennung von Kirche und Staat. Grebel schloss sich ihnen an und brach gleichzeitig seine Beziehung zu Zwingli ab, der diese radikalen reformatorischen Absichten nicht teilte. Ein Beleg für diesen Bruch ist die Oktoberdisputation 1523. Zwingli wollte die

---

[21] Nach Blickle, Peter: „Die Reformation im Reich", UTB, Stuttgart, 1982, S.113
[22] Nach Ebd. S.114

praktische Durchsetzung des Beschlusses, dass bildliche Darstellungen aus den Kirchen zu entfernen seien und dass das Messopfer abgeschafft werden sollte, herbeiführen und wandte sich dazu an den Rat von Zürich. Er rief also eine weltliche Instanz für die Lösung eines Problems innerhalb der christlichen Gemeinschaft zu Hilfe. Grebel hielt diese Vorgehensweise für falsch, weil Zwingli staatliche Hilfe für ein christliches Problem in Anspruch nahm und wandte sich endgültig von Zwingli ab.

Aus dem Castelberger Lesekreis ging in der Folgezeit eine Gruppierung um Grebel hervor, welche konsequent neutestamentlich argumentierte. Die Mitglieder dieser Gruppe trafen sich regelmäßig weiterhin zum Bibelstudium und zur Planung der Verbreitung ihrer christlichen Werte, vor allem der Erwachsenentaufe. Am 21. Januar 1525 fand im Rahmen dieses Studierkreises um Grebel die erste Taufe eines Erwachsenen statt, der sich auf das Bekenntnis seines Glaubens, dass Christus der Herr ist, taufen lies. Zuvor hatte Grebel in diesem Kreis ein angeleitetes Studium zum Mathäusevangelium abgehalten und diesem Rahmen die Beziehung von Glaube und Taufe dargestellt. Auf Wunsch des Georg Blaurock hin taufte Grebel ihm mit einer Küchenkelle. Die erste Gläubigentaufe war vollzogen und somit der Grundstein für sämtliche freikirchliche Bewegungen gelegt, welche die Glaubenstaufe bis in die heutige Gegenwart praktizieren.

Von diesem Tag an begann die systematische Verbreitung des täuferischen Gedankengutes und damit verbunden die Missionierung in der Schweiz. Den Höhepunkt erreichte Grebels Missionstätigkeit um Ostern 1525[23].. Nachdem Grebel und seine Anhänger aufgrund von zu radikalen Ansichten der Stadt Zürich verwiesen worden waren, waren sie in die östliche Schweiz nach St. Gallen geflüchtet. Gemeinsam mit anderen schweizerischen Taufpredigern, soll Grebel rund 500 Menschen im Sitter, ein Fluss der Stadt, auf ihr Bekenntnis hin getauft haben. Bereits im Juni 1525 ist auch in St. Gallen die Bekenntnistaufe verboten worden. Grund seien radikale Kirchenkritiken bestimmter Taufprediger gewesen. Ob Konrad Grebel zu diesen gehört hat, ist nicht überliefert. Bekannt ist jedoch, dass Grebel, aufgrund seiner religiösen Ansichten, im Oktober 1525 mit anderen Täufern in festgenommen worden ist und in Gruningen inhaftiert wurde. Ihm gelang die Flucht aus der Haft im März 1526. Der von der Flucht geschwächte Konrad Grebel erkrankte an der Pest und starb vermutlich im Mai 1526 an dieser Krankheit im Alter von 28 Jahren.

Auch wenn Grebels missionarisches Wirken nicht einmal anderthalb Jahre gedauert hat, sind seine klare theologische Position und sein Mut und Eifer dieses Verständnis von Taufe zu verbreiten von Vorbildscharakter. Grebel und seinen Taten zur Ehre ist nach ihm das theologisch-freikirchliche Conrad Grebel University College der University of Waterloo in Kanada benannt.

---

[23] Nach Ehrensprenger, Alfred: „Der Gottesdienst in St. Gallen Stadt, Kloster und fürstäbtischen Gebieten", TVZ, Zürich, 2012, S.244

4. Plädoyer

Diese Arbeit hat eine Darstellung der beiden großen Taufpositionen, der Kinder- und Bekenntnistaufe vorgenommen und auf dem Verständnis der Bekenntnistaufe aufbauend, die Verbreitung dieses Taufverständnis anhand des Schweizerischen Wiedertäufers Konrad Grebel skizziert. Zum Abschluss dieser Arbeit möchte ich nun noch einmal die wichtigsten Ergebnisse zusammenfassen und eine begründete eigene Positionierung in Bezug auf die Tauffrage geben.

Aus meiner Untersuchung hat sich eine theologisch wesentliche Gemeinsamkeit herausgestellt, welches die Kinder- und die Bekenntnistaufe miteinander verbindet. Beide Taufverständnisse gehen davon aus, dass die Gnade Gottes dem eigenen Glauben voransteht. Bei der Frage, was jedoch der Einzelne aus dieser Gnadengabe Gottes macht, gibt es Divergenzen zwischen der evangelisch-lutherischen Kindertauflehre und dem evangelisch-freikirchlichen Taufverständnis. Das evangelisch-freikirchliche Taufverständnis geht von einer aktiven Erwiderung dieser Gnadengabe Gottes aus, die sich durch einen bußhaften gottgefälligen Lebensstil äußert. Bei dem Taufverständnis der Kindertaufe bei Luther scheint es eher möglich, dass sich der Gläubige auf der vorangehenden Gnade Gottes ausruht und keine direkte aktive Erwiderung der Gnadengabe Gottes in Form seiner Lebensführung äußert. Mit diesem teilweise sehr einseitigen Taufverständnis Luthers entsteht der Eindruck, dass der Glaube nur ein Geschenk Gottes sei, welches der Gläubige empfängt, welches jedoch keine konkrete Beachtung im alltäglichen Leben der Person findet. Man könnte, um es modern auszudrücken, sagen, dass eine Art „On-off-Beziehung" im Glauben zu Gott entsteht. Das meint, dass der Glaube des Menschen nur dann benutzt wird, wenn der Gläubige auf den Glauben an Gott angewiesen ist, z.B. im Fall von Krankheit. Im Alltag jedoch, wenn es den Menschen gut geht, ist man dazu geneigt den Glauben zu verdrängen, weil der Mensch ihn ja dann scheinbar nicht braucht. Die Möglichkeit, dass die Kindertaufe dazu führen kann, dass der Glaube im Sinne einer „On-off-Beziehung" gelebt wird, ist für mich der erste Kritikpunkt an dieser Taufpraxis. Das Gegenteil von einer solchen „On-off-Beziehung" mit Gott war Konrad Grebel. Vermutlich hat er aus seinen Eifer, der damit verbundenen Überzeugung für Gott und seinem radikal biblischen Taufverständnis mit seinem Leben bezahlen müssen. Auch wenn er nicht umgebracht worden ist, hat er im Gefängnis sitzen müssen und er hat in seiner Missionszeit keine Ruhe finden können. Ein zweites Argument gegen die Kindertaufe ist, dass die Kindertaufe in der Regel ohne Berücksichtigung des Willens des Kindes geschieht. Dadurch, dass keine richtige Kommunikation mit einem Kind im Säuglings- oder Kleinkindalter stattfinden kann, sind die Eltern gezwungen, wenn auch im Wohlwollen gegenüber dem Kind, über den Kopf ihres Kindes hinweg bezüglich der Tauffrage zu entscheiden. Auch die Konfirmation, welche eine Bekräftigung der Kindertaufe aus eigenen Willen darstellen soll, ist meiner Meinung nach kein Ausgleich dafür, weil die Taufe ja letztendlich nicht wieder rückgängig gemacht werden kann. Sie kann zwar formell aberkannt werden, jedoch denke ich wäre es entgegen dem Verständnis von Taufe, wenn man als Gläubiger eine Taufe im Nachhinein als ungültig erklären würde.

Das dritte, für mich wichtigste, Argument gegen das Verständnis der Kindertaufe ist, dass die Kindertaufe biblisch nur implizit begründet werden kann. Die biblischen Grundlagen, aus welchen sich das Verständnis der Kindertaufe entwickelt hat, erfordern alle eine Exegese der Bibelstelle, um die Kindertaufe zu begründen. Jesus Christus selbst hat die Kinder nur gesegnet, jedoch an keiner Stelle im Neuen Testament getauft. Aus diesem konsequenten Handeln Jesu geht deutlich hervor, dass Gott keinen Menschen zwingt an ihn zu glauben. Sich für ein Leben mit Gott und der Religion zu entscheiden, ist eine Entscheidung aus dem freien Willen des Menschen heraus, ein Geschenk, welches Gott allein den Menschen ermöglicht hat.

Abschließend hat mir die Auseinandersetzung mit der Thematik der Taufe im Rahmen dieser Arbeit viel Freude bereitet. Dadurch, dass ich bereits vorher einer Gemeinde, die die Bekenntnistaufe praktiziert, angehört habe, war das Plädoyer für die Bekenntnistaufe für mich bereits im Voraus klar. Ich nehme aus dieser Beschäftigung mit der Taufe eine persönliche Festigung der Überzeugung für die Bekenntnistaufe mit und die Ansicht, dass es sich bei der Freikirche um die freiwilligste Form der Kirche handelt. Es bleibt mir dennoch fraglich, warum das Verständnis der Bekenntnistaufe bis heute nur von einer kleinen Minderheit in Europa praktiziert wird.

Anhang

Gliederung

A. Bibliographie

B. Versicherung der selbstständigen Erarbeitung

C. Veröffentlichungsverständnis

D. Zitatnachweise

A. Literaturverzeichnis

Buchquellen

Blickle, Peter:
    Die Reformation im Reich ,UTB,Stuttgart,1982
Bultmann, Rudolf:
    Theologie des neuen Testaments. Tübingen 5. Auflg. 1965, S.315
Deutsche Bibelgesellschaft (Hrsg.):
    Basis Bibel. Das Neue Testament. Deutsche Bibelgesellschaft, 2010
Ehrensprenger, Alfred:
    Der Gottesdienst in St. Gallen Stadt, Kloster und fürstäbtischen Gebieten. TVZ, Zürich, 2012
Evangelisch-reformierten Kirche, Lippische Landeskirche und Reformierten Bund (Hrsg.):
    Heidelberger Katechismus. Neukirchener Theologie,5. Auflg., Neukirchen-Vlyn, 2012
Jüngel, Eberhard:
    Gott als Geheimnis der Welt , Tübingen, 2. Auflg. 1977
Kirchenamt des EKD (Hrg.):
    Die Taufe: Eine Orientierungshilfe zu Verständnis und Praxis der Taufe der evangelischen Kirche, EKD Gedenkschriften, Hannover, 2008
Luther, Martin:
    Der Kleine Katechismus, Lutherisches Verlagshaus, Hannover, 1987
    Weimarer Ausgabe Bd. 6, Hermann Böhlhaus Nachfolger, Weimar, 2000
    Weimarer Ausgabe Bd. 7, Hermann Böhlhaus Nachfolger, Weimar, 2000

Aufsätze

Beasley-Murray, George:
    „Die Taufe, Symbol oder Sakrament?"
    In: Swarat, Uwe (Hrsg.). Wer glaubt und getauft wird.... Texte zum Taufverständnis des deutschen Baptismus. Oncken, Kassel, 2010, S.40
Fiddes, Paul:
    „Glaube und Taufe im Neuen Testament und in der christlichen Lehre."
    In: Swarat, Uwe (Hrsg.): Wer glaubt und getauft wird.... Texte zum Taufverständnis des deutschen Baptismus. Oncken, Kassel, 2010

Artikel in Zeitschriften

Bendorf, Michael:
    „Baptistische Steiflichter zur Diskussion um die Geistestaufe"
    In: „Theologisches Gespräch-Freikirchliche Beiträge zur Theologie" Heft 1, 2012

BEI GRIN MACHT SICH IHR WISSEN BEZAHLT

- Wir veröffentlichen Ihre Hausarbeit, Bachelor- und Masterarbeit

- Ihr eigenes eBook und Buch - weltweit in allen wichtigen Shops

- Verdienen Sie an jedem Verkauf

Jetzt bei www.GRIN.com hochladen und kostenlos publizieren